채문사 시인선 005

루낭의 지도

박미산 시집

채문사

* 이 시집은 2008년 서정시학에서 간행된 『루낭의 지도』 개정판입니다.

루낭의 지도

시인의 말

척추의 오른쪽과 왼쪽을 돌다가
정수리에 하나가 되어 꽂히는 시를 꿈꿨다.

수묵색 세상에 젖어있는 시어머니
진흙길 위에 불편하게 서있는 어머니에게
이 시집을 바친다.

차례

시인의 말 ·························· 5

제1부

명상과 피어싱 ························ 13
셀프 누드 포트레이트 ···················· 14
그녀는 조등을 켜고 ····················· 16
루낭의 지도 1 ························ 18
루낭의 지도 2 ························ 19

나를 현상한다 · 21
나는 잠시 내리에 있었고,
당신은 구름안의 바다에 있었을 뿐 · · · · · · · · · · · · · 23
가출 · 25
벼랑위의 산책 · 27
데자뷰 · 29
첫사랑 사과씨 · 31

제2부

늙은 호수 · 35
왕가네 당근은 쑥 쑥 자랐어요 · · · · · · · · · · · · · · · · · 37
진가의 돌멩이 · 38
문둥이 마을에도 무지개는 뜨고 · · · · · · · · · · · · · · 40
합환목을 심은 당신은 · 41
정애이모 · 43
카스테라 · 45
발톱 깎아주는 여자 · 47
달 속의 아버지 · 48

나는 지금도 무만 보면 입 안 가득 신 침이 고인다 50
음지군의 성장기 ·································· 51
뽈새 ··· 52

제3부

불타는 오디나무의 노래 ····················· 55
삼등 열차는 지금도 따뜻하고요 ·············· 57
마지막 풍경을 꺼내다 ························ 59
알카트라즈에서 클라우드 쿠쿠랜드로 ········ 61
언덕 위의 바다 ······························· 64
실종 30분 ····································· 66
휘파람 부는 아이들 ·························· 68
바다를 보려다가 가을산에 드네 ·············· 70
동백장 모텔 ·································· 71
눈 오는 날 ··································· 73
부푼 말이 달콤해 ···························· 74
주역 ·· 76
포도주를 마시는 밤 ·························· 77

제4부

너와집 · 81
영자씨는 삼십 번째 리모델링 중 · · · · · · · · · · · · · 83
초록빛 모자, calling you · · · · · · · · · · · · · · · · · 85
쟈스민차를 마시는 날에는 · · · · · · · · · · · · · · · · · 87
하늘나리 · 89
지나가는 봄 · 90
꽃 피는 11월 · 92
아침이슬 · 93
굼실굼실 · 94
사바 아사나 · 95
부서진 등뼈 · 97
아이들이 부르는 노래 들어 볼래요, 엄마 · · · · · · · · 98
늦게 피는 꽃 · 100

해설	시간의 깊이 — 방민호 · · · · · · · · · · · 103

제1부

명상과 피어싱

가부좌를 틀고 손바닥을 하늘로 펼친다
일곱 개의 차크라*가 꿈틀거린다
회음, 꼬리뼈 마디마디 올라오는 호흡
상단전을 지나온 신열에 들뜬 알갱이들
투둑 콧등에 떨어진다, 나는
사라지는 내 몸뚱이를 바라본다

나는 어디든 날 수 있는 새
천개의 빛이 정수리를 파먹는다
뭄바이, 카리브해, 아프리카로 날아간다
열대우림을 지나 초원을 빙빙 돈다
대지에 울려 퍼지는 북소리를 좇아
젖은 겨드랑이를 펼치는 순간,

장신구만 남아있는
나의 몸

---

* 차크라: 물질적 혹은 정신의학적 견지에서 정확하게 규명될 수 없는 인간 정신의 중심부

셀프 누드 포트레이트

처음에는 다 그래요 풀밭위의 식사하는 여인 같은 포즈로 마네의 눈을 보세요 한쪽 다리를 구부리고 팔꿈치를 올려놓아요 손으로는 턱을 괴고 시선은 두려워하지 말고요

장님이 되고 싶다고요? 배롱나무 꽃물이 붉게 물들었던 당신, 우주가 몸 풀고 떠난 자리, 꽃이 빠져버린 배롱나무라고 부끄러워하지 마세요

누군가 건드리면 내려앉을 것 같아요, 백 일씩이나 휘어지게 꽃을 피우는 여름보다 맨몸으로 꼿꼿하게 서있는 한겨울이 더 멋져요, 당신은 마흔여섯 해를 그렇게 견뎠지요

늙지도 젊지도 않은 당신, 브래지어와 팬티를 뷰파인더에 잡히지 않게 치워줘요 이제 마네와 눈 한번 맞춰볼까요 아니면 만 레이는 어떤가요?

붉게 물들었던 몸에서 갈색수피가 떨어지네요, 키키의 등에 있

는 바이올린보다 하얗게 터진 뱃살이 아름다워요 마네도, 만 레이
도 우주를 낳진 못했잖아요

　매서운 겨울을 맨몸으로 이겨낸 당신,
　노출과다 아니에요.

그녀는 조등을 켜고

내가 할 수 있는 일은 달리는 일이다.
그녀를 위해
내 생애 가장 빠르게
광활한 벌판을 질주한다
거친 꽃들은 이슬에 젖어 누웠다가
쏜살같이 달려가는 발굽에
짓이겨졌다가 튀어 오른다
전속력으로 달려가는 나는
그녀와의 낮과 밤의 살갗에
화인火印을 찍으며,
뜨겁게 달구었던 짧은 봄을
되새김질을 해도 부족한 듯
음탕한 갈증이 늑막까지 차오른다
납 빛깔의 조용한 그녀에게
툭 불거진 살이
끓는 뙤약볕에 점점이 부풀어 오른다
내 몸에 물기란 물기가 다 빠져 나갔는데도

흐르는 무엇이 남아 있는가보다

내 속에 갇혀 있던 그녀

나를 벗어날 수 있는 기회인데

아직도 내 등 뒤에 붙어 있다

채찍을 휘두른다, 더 빨리

순간, 몸이 가벼워진다

초원 위에 나의 그림자만 길게 누워 있다

벌판 끄트머리에 하얀 해골이

석양빛에 반짝인다

그녀는 오늘밤에 짐승으로부터 유린당할 것이다

저물지 않는 백야에

온몸에 인광을 켠 채

루낭淚囊의 지도 1

바지를 둘둘 말고 핏물이 흘러나오는 발을 바라보아요 발가락 끝에서 흐르는 썩은 핏물이 오로라처럼 번지네요 몸이 문을 활짝 열고 있어요 빙글빙글 돌던 은침은 발가락, 종아리, 위장에 잠시 머물다 바람둥이처럼 눈까지 올라오네요, 인맥을 뚫고

숭어가 튀어오르듯 숨어 있던 고통이 뛰어 올라요 두개골은 와자지껄 떠들며 날아오르다 거꾸로 처박히고 물구나무 선 채 뒤집혀 있던 눈알이 버석거려요, 마른 눈썹에 걸리는 물길도 없이 그만 붉은 지도로 가득 차네요

발작을 즐기기로 해요 빨갛게 타는 내 눈물은 산맥을 넘어 타림을 지나 몽골의 호수, 로프노르*까지 달려가요 소금들이 빠른 발자국으로 나를 끌고 가네요 다시 은침이 돌고 있어요, 하얗게 마른 호수 위를

---

* 로프노르: 지금은 말라서 사막이 된, 타클라마칸 사막 북동부에 존재했던 거대한 염호

루낭淚囊의 지도 2

    나는 환상의 도시 누란이라네 로프노르, 지금은 흔적도 없이 사라진 도시라네 로프노르, 나는 어쩔 수 없는 유랑인, 아름다운 생을 지나 다른 생을 건너가게 되었네 떠도는 유랑인이 되어 타클라마칸을 건너기로 했네 로프노르

    그대에게 긴긴 편지를 쓰며 5천리 머나먼 길을 달렸네 로프노르, 천육백 년 동안 태양이 지지 않았네 로프노르, 때론 검은 모래폭풍 카부라가 나와 타클라마칸, 로프노르를 삼켰다가 뱉어내기도 했네

    고향이 그리워 흔들리던 눈물은 건조한 바람 너머로 말라갔네 나의 편지를 기다리던 그대 로프노르, 천길만길 물결을 가진 그대도 나의 편지를 읽으며 말라갔네

    푸른 종소리가 들려오는 그리운 나의 성, 슬픔이 넘치네, 몸이 젖어드네 눈물은 사라진 게 아니라네 로프노르, 타림강이 흘러드는 호수처럼 내 몸 어딘가에 흥건하게 고여 있다네 로프노르

긴긴 여행 끝에 나의 눈에서 새어나온 눈물이 하얀 거품을 일으키며 다시 깊은 호수가 되었네 로프노르, 나는 언제든지 석양녘 붉은 태양에 매달려 다시 떠날 준비가 되어있는 방황하는 호수라네, 로프노르

나를 현상한다

색이란 색을 버리고
물속으로 들어간다
고요와 침묵이 젖는다
수면을 뚫고 올라오는
말없는 빛이 눈을 찌른다
눈이 먼 검은 눈동자
검은 머리칼이 하얗게 사위어 가고
점차 물이 오르는 나무가
바다의 물결을 빗어 내린다
눈동자가 사라진 나는
한 여자의 서늘한 눈매를 생각한다
반쯤 드러낸 검은 이빨이
파도소리와 기포를 갉아 먹는다
바다를 잡은 내 손을
핀셋으로 들어올린다
서른여섯 칸의 흑백필름에 갇혀있던
나, 바다, 시간이 둥글게 말린다

초점을 맞추지 못한

한여름 두시의 바람이

클립에 끼워지고

내 몸에 돋은 구겨진 물기가

사라지고 나서

비로소 가볍다, 나는

그 여자의 아날로그 주소로

배달되는 낯선 편지이다

나는 잠시 내리內里에 있었고,
당신은 구름안의 바다에 있었을 뿐

바다와 몸 바꾼 대지, 내리에 유성이 검은 깃발을 달고 빠르게 내려온다 찬 서리 맞은 국화, 알몸으로 서있는 대추나무, 빈 마당에 웅크리고 있는 늙은 암고양이, 모두 검은 깃발을 품는다

난 해변에 쓰러져 있었고 눈을 떴지 거기서 난 바위와 십자가를 보았어 당신이 탄 돛배는 밝은 불빛 속에서 너울거리고 당신의 두 팔은 지쳐서 흩어지는 것 같았어 뱃전에서 당신이 내게 손짓하고 있는 것을 보았지 그러나 파도는 말하고 있었어, 당신은 영원히 돌아오지 않을 것이라고*

초록빛 눈알을 두리번거리던 고양이, 별을 하나 잃은 하늘을 입에 물고 마당 구석구석을 돈다 나는 잠시 내리에 있었고 당신은 잠시 그 바다에서 구름안의 바다에 있었을 뿐, 그 바다에 저음의 노래가, 거짓말하는 파도가 있었지

검은 깃발을 단 돛배가 또 다시 내리를 향해 질주하고 있어 당신

이 손짓하고 있는 것은 아주 오래전이 아닌 바로 지금이야 나는 잠시 내리에 있었고 당신은 잠시 그 바다에서 구름안의 바다에 있었을 뿐,

* 아말리아 로드리게스의 노래 「검은 돛배」의 가사 일부

가출

해가 지고 있었소

온통 백색인 산골짜기 아래

연기 나는 한 집이 있었다오

달콤한 연기 냄새

내 마음이 산 아래로 흘러가오

신중하게 한 발걸음 다가가오

나의 관자놀이는 푸른 정맥으로 뒤틀려 있소

백색 바람이 울부짖는 절벽에 서서

산 아래를 애써 외면하고

검푸른 하늘에 상처를 내고 있는

먼 행성을 골똘히 바라보오

아침에 물을 주고 온 꽃들이

텅 빈 얼굴 구석에서

고개를 들고 있소

산소가 희박해지고 있소

입술의 촉감,

심장의 고동소리,

다시 몸속으로 집어넣었소

옹알거리는 아침을 기다리오

백색의 기슭에서 빠져나와

지친 가방을 팽개치며

외풍 심한 문간에 들어설 것이오

이제 연기부스러기를 날릴 수 있을 것 같소

그리고 다시 꽃병 속으로 들어가 있겠소

언제 터질지 모르는,

벼랑위의 산책

끌로드 모네를 안고 잤던 벼랑에서

당신을 내려다 봤소

당신은 구름과 가을 벌판을 미행하고

화장을 지우고 있는 내 눈물을 가려버렸소

당신은 물속에 있는 땅을 보여주겠다고

휘날리는 나의 머리카락을 쓰다듬으며 속삭였소

공중이 떡 벌어진 채

당신을 향해 쏜살같이 달려갔소

그렇게 신선하게 가버렸소, 물속의 땅으로

부러웠소

구름의 그림자가 길어지고 있소

구름이 길게 자란 나를 업고 흔들었소

마지막 빛살이 모든 것을 물어뜯었소

당신도 잘게 찢겨져

핏빛 살을 출렁이며 나에게 덤벼들었소

나는 소름이 돋고 덜덜 떨렸소

한 생을 아직까지 이해하지 못하는 나는

겁 많은 짐승이라고 당신에게 고백하곤

마지막 순간

물속의 땅으로 잠입하지 못했소

미안하오

데자뷰

때늦은 설거지를 하는데 빛이 부서진다 언젠가 여름해가 기울어가던 이 시간에 어디선지 모르는 곳에서 내 손이, 물줄기가 노란 빛에 조각나고 있었다. 자귀나무 잎사귀는 창문을 타고 들어와 내 몸 위에서 살랑대고

어느 낯선 골목에 들어섰을 때 전혀 낯설지 않은 익숙함에 느리게 걸은 적이 있었다 고동색 나무 대문에서 뛰어나오는 여자애가 낯익다 여자애는 모퉁이에서 돌아서는 나를, 왼손잡이인 내 손을 잡으려고 따라오고 있었다. 언젠가 한번 온 것만 같았던 골목안의 풍경이 설거지통에 박히고,

고동색 대문, 낮잠 자다가 아침인 줄 알고 학교에 뛰어갔다 텅 빈 교실에 주저앉았는데 의자들과 깨진 내 무릎이 덜그럭 거리고 운동장에 늘어선 나무들이 뒤로 뛰고 집들도 뒤로 뒤로 달리고 있었다. 가방을 어깨에 메어준 언니와 내가 살던 집은 사라지고

태양은 자귀나무 꽃 모가지와 툭, 떨어지며 제 그림자를 먹어치

우고 더운 바람 속을 걷던 뻐꾸기가 온몸을 부딪치며 밖으로 나가려 하고, 나는 언젠가 갇힌 적이 있는 시계 속으로 자꾸 들어가려고 하고

첫사랑 사과씨

자꾸 익어가는 저 사과 좀 봐 햇빛 없어도 스스로 달아올라 붉어지잖아 사과나무 밑에서 난 책을 읽고 있었어 너는 일렬로 줄 서 있는 나무를 맴돌면서 색깔을 고르고 냄새를 맡고 있었지 저절로 익어서 떨어지기를 기다린 거니? 사과가 탱탱해질수록 부딪치는 소리 위태롭고 흠집나지 않은 잘 익은 사과를 사라며 고함지르는 엄마 지나가시고, 빨간 밑줄 그으며 책을 읽고 있던 나는 엄마처럼 되어가고, 너는 같이 늙어갈 수 없는 나를 서리 내린 사과나무 숲에서 반으로 잘랐어, 사과씨는 해석하지 못했어, 아무리 깨물어도 이빨자국 나지 않는 나를

제2부

늙은 호수

먹어도 먹어도 배가 고픈 그녀가 있어요

가을 산도

여름 해도

봄 달도

모두 그렇게 먹었지요

저녁밥 뜸들이듯 눈은 내리고

뱃가죽이 꺼진 그녀의 소원은

겨울 동안 만큼

냉동 보관되어 있어요

굴곡진 능선을 품은 적도

하늘에 쌍무지개다리를 걸친 적도 있는

그녀의 꿈은 말없이 흐르는 일이에요

날은 저물고 눈은 오고요

아름다운 여자들은 떨어져 쌓이고

은밀한 그녀 속살은 얼음 밑에서 설레이고

주춧돌만 남기고 절 한 채 홀랑 먹어버린

지난여름의 살쪄 출렁거리던 배가 그립네요

흐르지 않는 몸과

흐른다는 마음마저

눈으로 지울 수 없는 청옥살빛

흐르지 않으면 어떤가요?

왕가네 당근은 쑥 쑥 자랐어요

 푸른 몸으로 쪼그리고 앉아 있어요 수건 두른 머리위로 땡볕이 걷힐 때까지 허리 한번 펴지 못하는 어머니, 초록 이파리에 숨어 어머니를 따라 전진하는 왕가의 시선, 몸뻬 바지 속에 떨리는 다리 옮기며 땅을 팠지요 무심한 척 호미를 들고, 당신을 기다리는 아이들이 줄줄이 올라왔어요, 저 아득한 당근밭 언제 길을 낼 수 있을까 때론 밭고랑 사이로 탈주의 길을 만들기도 했어요 주룩 주룩 무너지는 가슴을 안고 검은 몸뻬폭 같은 밤이 되어서야 돌아왔어요 무쇠 솥뚜껑을 열다가 한참동안 짚무늬 눈물로 서 있었어요 어머니, 묵직한 근심은 날이 새면 또 다시 일어났어요 호미로도 부술 수 없었지요 왕가의 마음을 덮었던 이파리가 사라지기 시작했어요, 꼭꼭 숨겼던 왕가의 잇몸이 붉은 당근같이 드러났어요, 속내를 드러낸 당근을 호미로 찍어 누르네요 어머니, 이 빠진 당근밭 고랑 위로 온 몸을 밟고 오는 석양이 울컥울컥 쏟아지고 있어요

진가의 돌멩이

남자는 늘 같은 행동을 반복했지
때에 절은 창푸파오*를 입고 돌멩이를 날렸어
남자가 던진 돌멩이는 해가 갈수록 까맣게 익었어
눈이 와도 열매가 매달리던 포도밭
시도 때도 없이 잘 익은 열매가 인천교까지 횡횡 떨어졌어

달빛을 삼킨 열매를 씨도 뱉지 않고 먹었어, 우리는
새까맣게 타버린 혓바닥을 서로 보며
소리 내지 않았어, 킬킬
이 나무에서 저 나무로 옮길 때마다
우리들의 뱃가죽이 봉긋 솟아나고

달은 과수원에만 맴돌고 있는데
뜯어낸 철망 사이로 누군가 한 점으로 서 있었어
가! 가! 소리를 귓등으로 흘려버리고, 우리는
쌍절곤을 휘두르는 흉내를 내며
헐렁한 셔츠 가득 포도를 따서 담았어

광속으로 날아온 돌멩이가

포도밭에 엎드려 있던 우리 옆구리 사이로

머리 위로 아슬아슬하게 날아왔어

딱딱한 포도 알을 밟으며

우리는 달리고

어느새 고수가 되어버린 진가의 돌멩이는 날고

---

* 창푸파오: 평상복이라는 뜻의 중국어. 常服袍.

문둥이 마을에도 무지개는 뜨고

   나무에서 떨어지는 물방울, 여우비가 가볍지도 무겁지도 않다 문둥이 촌을 지나 공동묘지를 넘는다 신발 소리가 들려온다 발걸음을 멈춘다 따라오던 발걸음이 사라진다

   풀벌레, 산새소리도 들리지 않고 내 발자국소리만 산에 가득하다 사촌오빠의 등에 업혀 집에 가는 길에 들은 이야기가 귓가에서 윙윙댄다 어린아이의 간을 먹으면 문둥병이 낫는다는, 얼굴에선 땀인지 빗물인지 뚝뚝 떨어지고

   목덜미와 등허리에도 송곳 같은 땀이 꽂힌다 반짝 해가 나고 발자국 소리는 더 크게 들려오고, 넓은 공동묘지에는 적막이 굽이굽이 이어져 있고, 이랑진 무덤들은 고요하고, 무지개는 문둥이 마을에도 웅덩이에도 들어앉아 있고

   고모님 댁은 한등고선 젖히면 닿을 수 있는 곳 문둥이 마을은 이미 지나쳐 왔고 고래처럼 숨을 들이마시며 내뱉는 사이, 내 엉덩이를 툭 치는 얼굴, 눈썹이 없다 무지개는 되돌아갔고, 우북한 풀이 무르팍까지 올라오던 열두 살 여름

합환목을 심은 당신은

어린아이같이 웅크린 채 누워있다
고요와 침묵을 오래전부터 만지작거리며
앉아 있는 할머니
중심을 잡으려는 할아버지의 숨소리가 힘겹다

당신의 생애가 삭제되려는 순간
유월의 뒤란은 격렬하다
당신이 뒤 늦게 심은 자귀나무는
분홍 꽃을 밟고 지나간다

마른나무 넘어지는 소리

고두밥을 짓는다 고두밥알들이 빽빽하게 붙어 있다가 뿔뿔이 흩어진다 누룩 위로 바람이 스쳐가고 밥알들이 용수에서 제 몸통을 불리고 있다 안방에선 술 익는 밥알이 흥겹게 비틀거리고 뒤란의 자귀나무는 취해 안방 문을 타고 넘는다 마당에선 앵두나무 대추나무가 당신의 손길을 기다리는데

아무 일도 일어나지 않은 시간

안방 문을 민다
햇빛을 탱탱 튕기는 합환목
아무 말도 하지 않는다, 할머니는

조각조각 아름다운 그림들이
할머니의 삭은 이빨 사이로 지나간다

정애이모

1

아이들도 노인들도 모두 한곳을 쳐다본다
이모를 빼닮은 나는 포즈를 바꾼다

꽃이 날아간다
포물선을 그리며 가라앉는 꽃잎들
카펫 위를 치고 다시 올라온다
꽃잎들이 정애이모에게 날아간다
휠체어에 앉은 채 눈동자만 움직인다

2

웨딩드레스를 입고
해가 녹도록 걷는 나는 혼례식의 주인공
내 눈동자에 눌러 붙은 조카가
사라지고 하객들이 흩어진다

기저귀는 베란다에서 펄럭이고,

마른 살점에 꽃무늬를 그린 정애이모는

아름다운 부케를 탐내고,

3

시계가 멈춰있다

공중제비하고 평균대에 내려앉은 나는

밤마다 미끈하게 뻗은 다리로 마루운동을 한다

만 번의 태양이 비스듬히 떴다 떨어졌는데도

내가 붙들고 놓아주지 않는 치골 옆 그곳에는

한 번도 구겨지지 않은 애액이 여전히 흘러나오고,

카스테라

밥그릇에 빠져있는

은백색의 뒤통수들

바닥을 긁는 숟가락 소리

실버랜드의 눈알들이

히죽 히죽 웃는다

카스테라를 단숨에 먹어치우고도

멈추지 않는 되새김질

나와 아이까지도

삼킬 것같이 입맛을 다신다

불룩한 뱃고래 아래

국숫발같이 툭 툭 부러질 것만 같은

두 다리가 휠체어에 얹혀있다

은빛 바퀴와

기억을 헛디딘

눈동자가 굴러가다가, 순간

프리지아를 낚아채 먹는다

초식동물의 엉성한 이빨 사이로

꽃무리가 꼬리치며

재빨리 사라진다

사라진 무리의 흔적을 쫓으며

먹을 거 없남?

누런 살거죽을 뚫고 나오는

어머니의 푸른 음색

발톱 깎아주는 여자

말라버린 발에서 폐허의 시간이 자라네

한때는 제 몸을 뚫고 뻗치던 뿌리

주름 많은 껍질에 쌓여 느리게 자라고

둥치는 오므라들고 피돌기도 숨차네

봄꽃, 아흔 번이나 내걸었던 등 굽은 어깨

꽃잎은 허방다리 놓은 시간만큼 잘려나가고

비틀린 겹주름을 가만히 지켜보던 늙은 딸

허심한 시간을 초승달가위로 톡톡 잘라낸다.

달 속의 아버지

잔솔 타는 연기와 새벽안개가 떨어지지 않아요 약사발을 든 어머니, 얼굴이 없어요 하얀 치맛자락이 약사발을 들고 문지방을 넘네요 풍성한 머리칼을 쓸어 올리는 여자, 눈에서 피가 흐르네요

어머니의 버선발이 사라져요 안방에서 구르던 울음이 어머니의 부엌으로 따라와요 아궁이에서 타는 불 섶도 뒤척이며 울고

구름처럼 떠다니는 아버지는 둥근 것들을 부화시켰어요 어머니의 둥근 배, 작은어머니의 둥근 배도 탐스럽지요 바람을 흔들며 아버지는 또 다시 다른 달을 찾아가고

미처 자라지 않은 아이는 작은어머니의 배에서 굴러 떨어지고, 화장터의 굴뚝에서 연기를 피우며 구름보다 무거운 아이는 하늘을 덮으며 다시 태어나네요

가마솥에서 미역국은 설설 끓고 있고,

어머니의 부엌에서 연기를 먹으며 아이는 자라고,

아버지는 구름을 잡고 달 속을 여전히 들락거리고,

나는 지금도 무만 보면 입 안 가득 신 침이 고인다

매미 - 귀를 찢는 늦여름, 도화병에 걸린 언니는 밤마다 나무를 타고 언니의 성으로 들어갔다

더러운 태양 - 언니를 향해 떨어졌고 언니 몸은 피로 물들었다

귀뚜라미 - 갈래머리 언니는 집 안에 갇혔다 언니는 식사하지 않겠다고 선언했다 언니는 담장에 엎질러지는 태양을 딛고 몰래 중국집으로 달려가곤 했다 언니의 아름다운 코는 짬뽕 국물처럼 붉어지고

무 - 배다리 시장 통 가게들이 백열등을 키기 시작했다 불빛 아래 빛나는 볼록한 무

새로운 계절 - 언니의 뱃속에선 무순이 아무렇게나 자라고, 화평동에 부는 바람은 십팔 세 짐승처럼 울고

음지군의 성장기

　나는 아빠가 되고 싶었어 아빠는 제일 넓은 방에서 왕처럼 군림했지 나는 아빠 자리를 차지하려고 했어 나는 아빠 방으로 몰래 들어갔다가 얻어맞기 일쑤였어 푸릇푸릇한 멍을 문지르면서 빛도 들지 않는 내 방에서 잠들곤 했지, 나는 세 살

　엄마는 나의 손에 쥐어진 열쇠야 볕이 잘 드는 안방이 쓸모없었어 내가 울면 언제라도 안방을 뛰쳐나왔으니까, 곰팡이 핀 내방에서 엉덩이를 어루만지고 팔베개 해주며 낮잠을 재웠지 군데군데 엄마를 닮은 나와 엄마와의 낮잠은 달콤했어

　노을과 함께 아빠는 돌아오고 밤은 길었어 거뭇거뭇한 곰팡이는 벽을 타고 자랐지 가끔 포자도 터뜨렸어 옆집 아이의 코뼈를 주저앉히고 학교 담을 수시로 뛰어넘었어 그럴 때마다 나는 아빠에게 몽둥이로 수없이 맞았어 열일곱 살의 나는 산과 바다를 옮기고,

　방도 옮겼어, 하루 종일 빛이 들어와 살았어 포자를 날릴 필요가 없어졌어 가끔 어둡고 싶을 때는 눈꺼풀을 닫았지 그런데 옥탑방에 온종일 폭염이 내리 쬐었어 견디다 못해 옥상의 물탱크에서 밤의 포자를 끄집어냈어, 나는 점점 아빠를 닮아가고

뿔새*

까치새끼 두 마리가 길 한가운데 갇혀 있다 울음소리를 헤치고 에미가 순식간에 내리꽂힌다 바람 잘 날 없는 시간, 까치일가 흔적 없다

　*　　*　　*

은행나무 곁에서 자는 동안 아이는 다리가 길어지고 평상은 점점 작아졌다 가을에는 온몸이 휘청하도록 금종을 달고 그 애 말고는 누구도 오지 못하게 똥냄새를 풍겼다, 은행나무는

낯선 남자들이 왔다가고 온통 붉은 딱지 가득한 집안, 그늘은 어머니의 얼굴을 구겨 놓고 나쁜 꿈들은 나뭇가지에 휘어지게 매달렸다 은행나무와 갈색 대문집이 풀썩 주저앉았다, 흔적 없다

　*　　*　　*

바람은 깨어나지 않았는데 붉은 차압표가 분분하게 떨어진다, 뿔새처럼 사라졌던 기억이 뜬금없이 나타나고, 묵은 눈물이 나뭇가지에 주렁주렁 매달린다

---

* 뿔새: 아침에 뜨는 태양을 뜻하는 안동 지역어

제3부

불타는 오디나무의 노래

— 미래에게

나는 끝을 압니다

가지 끝에 앉아 그 사내는 말합니다

당신은 모르실 겁니다 그래서 두렵기도 하고요

난 그 끝을 다녀왔거든요

오늘도 같이 있지만 홀로 밤을 지새우게 되네요

어둡고 잎이 무성한 노래를 불렀어요

당신은 늘 무시했어요, 귀머거리가 된 것처럼

들어보세요

달에 홀린 피에로* 같이

온밤을 강풍에 매달려 절규하며

원시적인 무조음밖에 낼 수 없는 내 노래를

매력적인 화음을 내고 싶은데도 말이에요

메아리를 울려줘요, 당신

우린 한 몸이면서도

늘 불협화음을 내지요, 8월의 짝사랑

마르면서 타들어가 뿌리까지 뽑힙니다

끝을 보아버린 검자줏빛 미소가

가지 사이에 박힙니다

활활 타는 심장만이 있고,

만질 수도,

키스도 할 수 없는 불꽃.

---

* 쇤베르크의 연가곡

삼등 열차는 지금도 따뜻하고요

언제부터 살았나요

당신은,

알라하바드의 삼등열차가 다가옵니다

이틀 밤낮 열차 칸에서 새우잠을 잤지요

원시림처럼 빽빽하게 서 있던 여자들이 어느새

족보를 등에 진 채 편안하게 앉아있어요

수 천 년 내려온 핏줄들 사이에

짜파티와 바나나를 나눠주는 나를

카레 냄새와 호기심 가득한 까만 눈들이 바라보고 있어요

다섯 명의 하리쟌 여인들과

엉덩이만 붙이고 잠이 들었어요

열차는 강물처럼 흘러갔지요

갑작스러운 복통이 찾아왔어요

이빨 사이로 신음이 흘러나왔어요

검은 눈망울들이 소란스럽게 파도를 타기 시작했어요

내 곁에 있던 쉬레아가 주문을 외우자

열차 안은 여인들의 주술이 출렁이고

그녀들의 눈빛이, 그녀의 거친 손이

밤새 내 몸을 쓸어주었어요

등허리가 축축해지며

따뜻한 강물이 내 몸에 흘러들어오고

태양이 떠올랐어요, 어느새

그녀들과 나

타다 만 시체들이 물결 따라 떠다닙니다

은밀하게 유랑병이 도지네요

발바닥에서 잔뿌리가 돋아나고

바싹 말라 꺼칠해진 입술에서

이파리가 스멀스멀 뻗어 나오네요

쑥쑥 자라는

과거의 시간이

지금도 싱싱하게 만져지네요.

마지막 풍경을 꺼내다

 자잘하게 피어있는 고산 꽃들 사이 핏물을 자박거리며 뛰는 수만 년 전의 나, 기적처럼 스쳐가는 당신의 눈빛에 놀라 이끼를 밟고 넘어졌다네 그대 허리에서 오래 머물던 비안개가 걷히고 하얀 인골들이 태양을 피워 올리네

 뱃가죽 밑에 얼음절벽을 기르고 있었네 인간의 발길을 허락하지 않는 그대에게 내 발목 하나를 주었네 붉은 판초를 둘러쓰고 다홍빛 신부처럼 말을 타고 내려왔네 폭우 속에서도 거머리는 살 속 깊이 박히고 팔뚝에선 여전히 피가 흐르는데

 앞서가던 사람들이 사라졌네 나를 태운 말은 다른 세계를 통과하는 중이었다네 말방울을 울리며 골짜기를 넘는 말들, 인육을 발라 먹는 새들, 원숭이가 재빠르게 무성한 녹음을 낚아챘네 밤새 빗속을 달린 내 몸, 속속들이 설산이 피어나네

 늙은 개의 눈빛을 닮은 마을사람이 미음을 떠먹여주네 말이 없네 빗방울인지 눈물인지 모르는 것들이 주르륵 흘러내리고 바람의

뼈마디가 온몸을 부딪치네 락시* 한잔에 밤새 언 설산이 녹아내리고 롯지 틈새로 돌아갈 수 없는 잠이 길을 떠나네

　가장 어리석은 사람이었네 나는 단 한 번의 풍경을 보기위해 발목하나를 잃었네 어느 날 잘린 발목이 근질거려 어루만지고 있을 때 서서히 녹아가고 있는 사람이 있었네 그의 몸속에 통째로 들어가 위태롭게 매달린 풍경을 꺼내야겠네 나는, 더더욱 어리석은 사람이 되고 싶네

---

* 락시: 소주와 흡사한 네팔의 전통주

알카트라즈에서 클라우드 쿠쿠랜드*로

1

난파된 자유

유예의 시간은 길었다

언제 육지로 돌아갈지 모른다

해안을 응시하던 사내의 머리는 차가웠다

철창 틈새로 보이는 샌프란시스코의 불빛

오래된 영화, 어제 같다

그녀의 젖가슴을 타고 흐르는 핏빛 포도주

살 비린내 나는 밤거리를 폭주했다

갈매기들이 그 시대에 유행하던 노래와

타락한 담배연기를 실어 날랐다

사내는 평생을 후회하고 싶지 않았다

새로운 피가 돌기 시작했다

길이 없던 길이 보였다

더 이상 지체할 시간이 없다

천개의 태양이 머릿속에서 돌고 있다

작열의 정점에서 사내가 뛰어내렸다

사내는 바다에 알리바이를 묻고

암초무늬의 보도를 따라

클라우드 쿠쿠랜드에 둥지를 틀었다

2

샌프란시스코 유람선에서 낡은 소설을 읽는다

사내의 기나긴 생이 한 시간 만에 통과한다

성북동에서 안암동,

안암동에서 돈암동,

대학로에서 횡단하던 생애가 바다에 떠 있다

내가 혐오하는 나를 태평양으로 밀어버린다

킬러인 내가 전속력으로 도망친다

금문교가 뒤뚱거린다

블록 버스터풍의 영화, 길이 없다

나는 일천구백팔십년 달력을 쏴죽이고

총구멍의 열기가 식기 전 서울을 떠났다

이젠 감옥이 아닌 클라우드 쿠쿠랜드,

노인이 될 때까지

알카트라즈에서 평생을 보내는 게 꿈인 나는

여기까지 오기 위해 어제를 버렸다

나의 절망과 무관하게

어제 마치지 못한 일들이 내 얼굴 위로

쏟아지고 있다

---

* Cloud Cuckoo Land(구름 뻐꾸기 나라): 고대 그리스의 희극작가 아리스토파네스의 희극 『새』에 나오는 이상향

언덕 위의 바다

　서울서부터 따라왔던 장대비가 통영 앞바다로 건너가고 몸을 둥글린 꼼장어와 빗방울 같은 시간들이 선창가 선술집 안으로 느릿느릿 뻘박힌다 풋고추, 홍고추, 대파가 젖은 도마에 경상도 사투리로 투박하게 토막 나고 기억하나도 썰려나간다.

　　벽에 휘갈겨 쓴 낯익은 글자
　　끝없는 나의 의심
　　불안해하는 나의 눈동자
　　나로부터 도주를 꿈꾸던 그
　　긴 동면
　　굳어버린 바다를 밟는다
　　같은 풍경
　　물비늘
　　같은 시선이 어긋난다.

　꼼장어를 굽는 연기 너머 소주잔을 움켜잡은 그, 실핏줄을 끌고 가는 붉은 바다가 매캐하다 남해바다 아침햇살에 젖은 그의 등, 황

금빛 솜털들이 일제히 일어난다 하얗게 피어오르는 김 사이에 누워있던 뽀얀 살점 하나, 난파된 기억이 부표처럼 떠올랐다 사라지는 뜨거운 날.

실종 30분

단지 셔터를 두 번 눌렀을 뿐인데
천안문 광장에 나 홀로 발목이 잘린 채
파인더를 거꾸로 보고 있다
자금성 저쪽과
까마득한 광장 한가운데 떠 있는 태양은
모택동의 시신 위로도 떨어지고
낯익지만
생전 보지 못한 사람들이
나무 한그루 없는
광장에 쪼그리고 앉아있다
그들이 주고받는 말들이 들리지 않는다
화면 가득
코가,
한쪽 팔이,
얼굴 반쪽이,
몸통만이,
달려들었다 사라지며

필름 없는 사진에 찍힌다

입술은 말라가고

아무것도 가진 게 없는,

잃을 것도 없는 줄 알았던,

너무도 많이 잠가두었던 것들이

불쑥 불쑥 튀어 나온다

조바심칠수록 몸과 마음을 부려둘 곳 없는

넓고도 좁은 광장에

"Calm down"

공안원의 말이 1분도 견디지 못하고 증발한다

휘파람 부는 아이들

오래된 하늘이 달린다

발 디딜 때마다 사방으로 튀는 메뚜기들

시침 잃은 시간,

밤이 오지 않는 환한 초원

낡은 하늘을 문신한 중년의 말들이

엉덩이를 까고 오줌 눈다

망원경이 필요 없는

무의식의 천막들

들판에 쪼그리고 앉아 오줌을 쌌어, 망아지처럼 뛰는 아이들, 삐쩍 마른 양다리 사이를 피해 달아나는 메뚜기와 한통속이 되어 날개도 없이 하늘로 날아올랐지 넌 뱃속에 바람을 가득 넣고 다녔어 불룩한 배에서 휘파람이 들렸지 네가 떠나고 우린 휘파람을 불면서 메뚜기들을 삼켜버렸어, 사라진 메뚜기처럼 우리들은 감쪽같이 없어졌지

말발굽소리가 들린다

모린쿠르와 야트그*를 끼고 하늘을 이고 있는 아이들

누런 이빨 드러내며

휘파람을 분다

사라졌던 아이들이 휘파람 속으로 빨려 들어간다

측량할 수 없는 별빛을 밟으며

무진무궁 하늘에 둥둥 떠오르는……

---

* 모린쿠르, 야트그: 몽골의 전통악기, 야트그는 우리나라의 가야금과 비슷하고, 모린쿠르는 마두금이라고도 부른다.

바다를 보려다가 가을산에 드네

 가을바다를 보려했네 만산홍엽 치마 입은 산이 나풀대는 바람에 가던 길 잃고 마네 아니, 잃은 것이 아니라 버리고 마네 물기와 시간을 말려가며 전 생애를 건 끝에 얻은 붉은 몸이 바다를 삼키네 갯내로 물큰한 산 구르는 소리 요란하네

 험하게 비탈진 늑골 옆에 길게 뻗은 시간의 손, 구부러져 자라버린 손톱이 태양과 바람을 밀어내며 종일 달구어진 뻘밭에 몸을 던지네 석양녘 밀물은 빠르게 갯벌을 삼키고 수몰된 바다 무덤이 흘림체로 꼬리치는 가을 산을 성긴 그물로 담고 가네

동백장 모텔

붉은 햇빛을 죽이고 싶어

긴 머리를 틀어 올린 그녀 등. 솜털. 황금빛.

욕탕의 뜨거운 기류.

굴러다니며 붉은 꽃을 피우고 있어.

시방 그녀의 연인은 안녕한지

어제 밤에는 복분자 술을 마셨어.

그녀와 헤어진 남자가 토막 났지.

우리의 우정은 토막 난 남자를 더 잘게 썰어

잘근잘근 씹어 삼키는 일이었어.

그런데 그녀 얼굴 위로 흩어지는 동백꽃잎.

보았지.

흔들리는 눈.

창밖에서 한량없이 쏟아지고

붉은 동백꽃 밭이 젖고 있었지.

문득 그녀의 연인을 살해하고 싶어졌어

여자의 부드러운 등이 내 눈 속을 걷고 있었지.

그녀의 눈에서도 내가 걸어다녔어.

온몸 일으키며 찰방찰방 피어나는 낱낱 꽃잎들.

뚝. 뚝.

떨어지고 있었어.

흥건하게 젖은 꽃 속으로 들어갔어.

피하고 싶지 않은

두 개의 꽃 .

그녀의 연인은 안녕한지

눈 오는 날

 우체통이 붉은 입술처럼 열리네 선운사 동백꽃이 피었다는 전보가 도착하고 마주앉은 그녀의 말이 점점 높아지네 우리는 풍천장어 헤엄치듯 선운사로 달려가네 주체할 수 없는 눈을 타고 음악은 펑펑 흐르고 위험을 매달고 달리네

 붉은 꽃잎이 떨어지네, 술잔에 폭음이 쏟아지네 우리의 목도 꺾이네 선운사 새벽 종소리에 오줌보가 출렁거리네, 사방팔방으로 솟구치는 오줌기둥이 머리를 치네 머리통은 부서지고 머리뼈는 골 아픈 하늘과 내통하네 부서진 머리뼈는 동백장을 하얗게 덮고 동백꽃을 아직까지 흔들고 있다네

부푼 말이 달콤해

말을 부수고 섞어 반죽을 한다
부풀어 오르다 튀어나온다
말 하나,
고소한 냄새를 풍기며
발 없는 말을 타고 달린다
윗말 아랫말에
말 둘,
말은 입 안 가득 냄새를 풍기며
한참을 짓이기다 쪼아 먹곤
더욱 더 탱탱해진 말을
주둥이로 물고 다시 달린다
말 셋,
따끈따끈한 말을 코앞에 흔들며
꿈쩍 않으려는 입마저도
툭 툭 건드리며 호출한다
말 넷,
다시 반죽 한다

더 커진 말

더 달콤해진 말

말들이 한꺼번에 삼킨다

주둥이들이 쏟아진다

소리보다 앞서 말이 말처럼 뛴다*

---

* 옥타비오 파스의 「발사」에서

주역

   뒤엉킨 숲이다 그 행간을 지나 칼끝을 맞부딪치고 싶다 건괘와 곤괘 음과 양이 길을 막고 있다 서릿발 하얀 하늘에 날려 보낸 검은 새들 **빽빽한** 숲 가장자리를 친다 칼로 검은 새들을 해부한다 흩어지는 문장들, 조금씩 보이는 길들, 길과 길 사이 빛줄기가 희미하다 빛에 칼집을 내며 깊고 아득하게 굳어있는 길을 건너간다 그러나 흩어졌던 잎들, 잎들, 겹겹이 엎드려 쌓인다 어깨를 좁히고 보폭은 작게, 기호들이 길을 잃고 날아다닌다, 숲을 휘감고 있는 바람이 번뜩인다, 세계의 밤은 깊어가고,

   나는 가끔 그 숲에서 걸어 나오는 사내를 만나기도 했다.

포도주를 마시는 밤

씨방 가득

무한이 차오르는 밤

당신이 일러주신 길 따라

엉킨 뿌리를 건너, 넝쿨을 타고 가면

장자의 붕새마냥

꽃구름 매달린 성에 갈 수 있나요

그런가요?

제4부

너와집

갈비뼈가 하나씩 부서져 내리네요

아침마다 바삭해진 창틀을 만져보아요

지난 계절보다 쇄골 뼈가 툭 불거졌네요

어느새 처마 끝에 빈틈이 생기기 시작했나 봐요

칠만 삼천 일을 기다리고 나서야

내 몸속에 살갑게 뿌리 내렸지요, 당신은

문풍지 사이로 흘러나오던

따뜻한 온기가 사라지고

푸른 송진 냄새

가시기 전에 떠났어요, 당신은

눅눅한 시간이 마루에 쌓여 있어요

웃자란 바람이, 안개가, 구름이

허물어진 담장과 내 몸을 골라 밟네요

하얀 달이 자라는 언덕에서

무작정 기다리지는 않을 거예요, 나는

화티에 불씨를 다시 묻어놓고

단단하게 잠근 쇠빗장부터 엽겁니다

나와 누워 자던 솔향기 가득한

한 시절, 당신

그립지 않은가요?

영자씨는 삼십 번째 리모델링 중

운동장 가로등이 뛴다 뒤뚱거리며 따라오는 보름달은 추위와 더위도 모른 채 복음처럼 그녀 허리에 악착같이 붙어 살고 복음은 취소된 적 없이 퍼져나가고

또 다른 영자씨가 올라온다 모두 돌림병처럼 운동장을 돈다 늘어진 뱃살들이 고장 난 시계처럼 빠르게도 돌고 느리게도 돌고 돈다 달도 훌라후프도 돌고 돈다

영자씨가 주저앉았다 다시 일어선다 팔팔사이즈가 돌아올지 몰라 아님 오오사이즈 아니지 사사사이즈? 꼬리를 문 여자들이 눈이 쌓이고 비가 마르는 동안에도 계속 돈다

매일 밤마다 길고 짧은 꼬리를 물고 둥근 트랙을 도는 동안 영자씨는 우로보로스 뱀처럼 자신의 꼬리를 삼키고 또 다른 영자씨도 자신의 꼬리를 송곳니로 씹는다

유유히 사라지는 꼬리를 시식한 그녀들이 새롭게 조립되는 사이

다이어트를 숭배하는 방언들이 쏟아지고 보름과 그믐을 반복하는 돌림병은 계속해서 돌고 돈다

초록빛 모자, calling you

― 향구에게

1

탁자에 내려놓는 커피 잔이 흔들린다

2

몇십 년 만에 찾아온 봄 밤

당신은 몸 달아하고

나는 당신의 넓은 등에 마음을 빼앗겼어요

당신의 팔베개를 하고 한 계절을 보냈지요, 내 생애 아주 긴 봄을

한번 등을 보인 당신은 가버리고

내 팔을 베고 아기가 자고 있어요

어머니와 아버지를 떠나게 한 당신

3

무능한 하루를 보내고 온 또 다른 그녀

하늘아래 존재하는 모든 것을 부르면서

기타를 뜯는다, calling you

그녀의 미니스커트와 기타 사이에

삐걱거리는 남편이 숨어본다

단발머리 그녀 눈가, 푸른 멍

초록빛 모자가 덮어준다, calling you

4

나를 스쳐 지나가는 뜨거운 마른바람

아기가 울고 있어서 잘 수가 없어요

하지만 우린 변화가 오고 있다는 걸 알고 있죠

달콤한 안녕이 다가오고 있는데*

5

가끔 그녀의 끊긴 음표 자리엔

마른 바람 부는 밤이 사라지고

아직 만나지 않은 아침이 그려지곤 한다

짧은 하루의 뒷모습은 가벼이 달려가는데

경쾌한 노래

부르는 법 익혔으면 좋겠다

Can't you hear me?

---

* 영화 『바그다드 카페』의 주제곡 가사 일부

쟈스민차를 마시는 날에는

쟈스민차를 마신다

목울대로 내려가는 소리

듣는다, 본다

그녀의 얼굴은 온통 쟈스민 꽃이다

그녀의 어깨도 하얀 쟈스민 꽃이다

지금도

잔뜩 물이 올라

꽃망울이 자꾸 자꾸 피어나는 꽃

바람 부는 날

떡갈나무 상수리나무를 따라가면

새끼 전구를 온몸에 두르고

김광석의 노래를 밤새 부르는

빛나는 소나무가 있었다

시간을 말리고

하얀 빛이 사라진 자리

쟈스민 씨앗 하나 틔워

조그마한 우물에 띄운다

물속에서 환히 웃는 그녀

돌아가는 길을 버리고
젖은 밤은 서른즈음을 애타게 부른다

하늘나리

여름 두시의 태양이 나의 목덜미에 쓰러진다 무성하게 자란 잡초를 벤다 살아생전 취생몽사하던 너에게 소주 한잔을 건넨다 나에게도 한잔, 또 한 잔

내 몸에 박히는 태양을 하늘나리가 바라본다 두시의 태양에 바람이, 구름이 부러진다 봉분 끝자락에 있는 나리의 목도 기운다 부러진 구름

구름을 뜯어다가 그대 얼굴에, 등에 얹는다 황적색 꽃길에 누운 네 곁에 검은 반점처럼 내가 눕는다 어떻게 그토록 뜨거운 여름 한낮에 우리는 함께 누워 있었는지

등뼈를 타고 흘러내린 밤, 하늘나리가 털부숭이 아랫도리를 가린 채 빨아들이고 내 가슴 고랑에는 붉은 상처가 그로데스크하게 출몰하고 있다

지나가는 봄

꽃들은 왜 피는 거야

아직 겨울은 녹지 않았는데

우박이 쏟아지고 있잖아

퍼렇게 멍 든 시간은 휙휙 지나가는데

우울증이 도졌나 봐

나는 전화 부스 뒤에서

피어나는 꽃모가지들을 함부로 잘라

잘려진 혀들이 떨어지고

오려진 입술이 아스팔트 바닥에 짓물러

그에게 전화를 하려고 부스에 들어가려는데

오늘따라 부스마다 활짝 웃는 입술이

혀가 널름거려

다시는 봄을 맞고 싶지 않다고

그에게 말하려고 했는데

부스를 발로 차고 다시 뛰기 시작했어

내 혀에선 곰팡이 꽃이 피어나기 시작하고, 헉헉

두 발은 열꽃이 돋아났어

사방에 빌딩 창문들이 깨지는 소리가 들려오고
자동차들이 경적을 지르며 달려가고 있지만
나는 도착할 곳이 없어
하늘의 흐린 눈동자들이
손 우산을 한 나의 머리통을 때려
나는 발라드를 좋아하는데
봄은 팔분의 구박자
탭댄스로 빠르게 오고 있어

꽃 피는 11월

　송곳을 한아름 안고 찾아왔어요 11월, 나무 이파리에게 달라붙어 먼 길을 걸어요 발걸음을 옮길 때마다 뜨겁고 차가운 이층 다락방이 나를 데리고 가요 송곳 신발로 가득 차 있는 태양 구두 수선집, 주인을 맞은 신발은 가느다란 발목을 찌르면서 내려와요

　발 딛는 곳마다 나의 몸은 열렸다 닫혔다 해요 내 머리 위로 쏟아지는 11월, 핏빛 도는 꽃밭이 생겨요 공중에 매달린 달이 꽃밭으로 배달되고 간절기가 수선 집을 향해요 11월의 나뭇잎에 달라붙은 붉은 발자국은 어제 떠나고요, 11과 12로 넘나드는 계절만이 수북하게 쌓여요

아침이슬

대통령이 한 사람 뿐인 줄 알았던 시절이 있었다. 새벽종이 울리고 새아침이 밝았다. 사랑스러운 노래가 계속 흐르는 동안 군화 소리는 무서운 속도로 고속도로를 질주했다. 언니와 오빠 내 친구들은 내일이 없다고 했다. 음악도 없다고 했다 긴 밤 지새우고 나면 묘지 위에 붉은 태양이 떠오르고 노래도 계속해서 흘렀다. 그들이 군화에 걸려 넘어져 짓밟히고 철창 안에 갇혔어도 아침이슬은 풀잎에 여전히 맺혔다 나는 쓰러진 풀잎을 멀리서 바라보며 출퇴근했다 그리고 동생들을 위해 밥숟가락을 샀다.

대통령이 남쪽 어느 곳을 거꾸로 쥐고 탈탈 털었다고 했다. 부러진 뼈 토막, 젊은 살점들이 우수수 쌓였다. 수북이 쌓인 흰 뼈들이 가장 캄캄한 곳에서 총칼로 자라났다고 했다. 그런데도 태양은 떠오르고 오월의 피비린내가 날아왔다, 망월동에서 내가 사는 성북동까지. 작은 미소를 배운 동생들은 한낮에 찌는 더위에 최루탄을 만들었다. 최루탄이 터지고 동생들 가슴에 붉은 피 솟을 때 나는 아기에게 젖을 물리고 있었다. 언제나 이유는 있다.

굼실굼실

  새처럼 날고 싶어 비상하는 법을 마저 익히지 못하고 날아봤어 아주 단순하게 보였거든 그런데 짧은 시간으로는 닿을 수 없었나 봐 필름 틈새로 보이는 목련꽃잎 벚꽃잎 같은 하얀 뼈에 금이 가고 말았어, 굼실굼실

  꽃잎들이 발등에 멋지게 낙법 치며 내려앉았어 발목을 잡고 울던 것도 잊고 온몸에 전원이 켜졌어 외공이 깜빡 깜빡 부상쯤이야 아무것도 아냐 착지를 좀 더 근사하게 해야겠어 늙은 꽃잎들도 높다란 담장을 훌쩍 넘고 있잖아, 굼실굼실

  멈출 수 없어 플러그를 뽑지 않을래 날개에 인내를 달고 둥글게 착지할 때까지 회전 낙법하겠어 매트 위에 땀방울이 굴러 삼백예순 날 땀방울이 빵빵하게 부풀었어 터지기 직전이야 휙, 땀방울을 깨뜨리지 않고 뛰어넘었어, 읶크

사바 아사나*

돌아갈 길 끊긴 뜨거운 비바람

열대와 한대를 수시로 넘나들고 있다

흠뻑 젖은 이부자리에서

달아오른 먹구름이 등허리를 치며

열꽃을 활짝 피우고 있다

발끝에서 머리끝까지 북상하며

내밀한 골짜기까지 피어나는 열꽃

우기 내내 계절풍에 휘둘렸다

꽃과 화부의 계절이

한대의 하늘을 몰고 오고 있다

뿌리 뽑힌 잠은 사바 아사나로 누워있던

나의 이마를 짚으며 꽁꽁 얼고 있다

더웠다 추웠다 불편한 날들이 계속되고

사십 도의 열, 꽃 핀 길이 점자로 붐비고 있다

---

*   사바 아사나: 송장자세라는 뜻을 가지고 있는 요가의 한 자세. Savasana.

부서진 등뼈

익지 않은 별들,

덜 자란 등뼈가 둥글게 빛난다

별 몇 개가 사라진 깜깜한 하늘

아무도 눈치 채지 못한 유산의 기억

단단했던 하룻밤

믿을 수 없이 쉽게 부서진다

통증을 바라보며

산자락 어디쯤 흘러가 눕고 싶다는 생각뿐.

비는 자꾸 내리고

엉성한 뼈마디 사이로 아이가 웃는다

내 귓바퀴를 파고드는 소리

어금니가 딱 딱 부딪친다

두 손으로 두 귀를 막고

무릎 사이로 얼굴을 묻는다

발가벗은 아기들이 내 몸에 쏟아진다

하늘이 뾰족하다.

아이들이 부르는 노래 들어 볼래요, 엄마

나는
아파트 놀이터 옆
빛 고운 살구나무가 되고 싶었어요, 엄마

봄 햇살에 엄지손가락을 빨며 서 있었는데
자줏빛 가지를 친친 감으며 기어 올라왔어요, 뱀이
연둣빛 여린 잎새를 으깨고
미처 돋지 못한 꽃눈도 뭉갰지요
한낮의 고요함 속에서
힘껏 가지를 흔들어도 떨어지지 않았어요

구름 조각이 기나긴 시간을 옮기고
어둡고 축축한 달이 부풀어
둥글게 무덤을 만들었을 때
엄마의 따뜻한 젖이 그리워졌어요
보이지도 않고 만져지지는 않아도
입속에 번지는 젖비린내는 나의 유적遺蹟이잖아요

난 선한 눈망울을 주렁주렁 매단 살구나무가 되고 싶었어요

탐스런 가지로 피리를 만들어

푸른 달밤에 나란히 앉아 맑은 노래를 부르고

엄마를 편히 앉힐 의자가 되고 싶었는데

그래도 내 꿈은 사라지지 않았어요

나무 그늘에서 낮잠 한번 주무시고 나면

눅눅한 장마가 지나고, 환한 봄날이 다시 올 거예요

그 때, 나는 꽃눈을 활짝 틔워 달고

미연이와 지승이와 아파트 놀이터에서

시들지 않는 노래를 부를게요, 엄마

이제 울지 말아요.

---

* 아동 성폭력 사건의 희생자를 추모하는 시로, 용산가족공원에 시비가 있다.

늦게 피는 꽃

　피고 지는 것이 지겨워 무거운 침묵을 가지에 걸어두었다 태어나서 처음 손으로 만져보는 빗방울, 어제 어깨 위에 떨어져 내렸던 눈송이, 나는 한없이 어딘가로 날아가고 있는 새들의 흔적을 지웠다 미래를 예감할 필요가 없었다 뭉게구름 속에 완벽하게 나 자신을 은닉했다

　아침과 저녁 생년월일이 없는 나를 살게 한 건 무관심이었다 내가 없어도 세상은 잘도 돌아갔다 구름 한쪽이 목 잘려 떨어지는데도 나는 당연하다는 듯이 견고한 자세를 유지하고 있었다 구름이 잘려나간 한 방향을 고집스럽게 바라보았다 기울어가는 빛이 보였다 나는 이미 늙은 아이였다

시간의 깊이

시간의 깊이

— 박미산의 첫 시집에 부쳐

방민호 (문학평론가 · 서울대 교수)

1.

내가 처음 박미산 시인을 만났을 때, 그녀는 고려대학교 국문과 대학원의 연구생이었다. 처음부터 그녀는 인상이 강했다. 비범하고 끈질긴 데가 있었다. 늦게 공부하는 사람들이 대개 본격적인 연구에 미치지 못하곤 하는데 그렇지가 않았다. 그녀는 최동호 교수의 지도 아래 「백석의 동화시 연구」(2005)라는 석사논문을 제출했고, 지금은 박사과정을 수료한 상태에서 연구를 계속하고 있다.

그런데 죽 지켜보니 그녀는 공부만 하는 게 아니었다. 우리 전통 무예인 택견에 조예가 깊어 실력이 그 쪽의 최고수라는 지도자 단계에까지 이르러 있었고, 사진을 찍는 사람이기도 했다. 또 이미 수필을 쓰는 사람으로 문단에 이름을 올린 상태에 있었다.

이렇게 다채로운 경력과 성취가 말해주듯 이 시인은 단단한 노력을 통해 자기 자신을 늘 새롭게 양성해온 사람이다. 내부가 하나가 아닌 사람이고, 여러 방면에 재능을 가진 데 만족하지 않고 일신우일신하는 자세로 자신을 향상시켜온 사람이다. 외모로 보나, 자신이 하고 있는 일들을 대하는 태도로 보나, 사람들과 관계를 만들어 나가는 방식으로 보나 그녀는 한결같이 탄탄해 보인다.

그러나 내가 본 그녀는 늘 배가 고픈 사람처럼 허기가 져 있었다. 만성 공복증을 앓는 것 같은 그녀의 눈빛은 내부에서 발산되는 열기에 휩싸여 있지만 사람들은 이것을 다 알아보지 못하는 것 같았다. 내게 비친 그녀는 영락없는 허기의 '노예'였다. 이 허기의 신은 아귀처럼 배고파하는, 늘 공물을 원하는 괴물이었다.

그녀는 몇 년 전에 『유심』지를 통해서 시인으로 등단했지만 거기 머물지 않고 올해 초에는 「너와집」이라는 시를 가지고 신춘문예의 높은 벽을 뛰어넘는 힘을 보여주었다.

그녀가 처음에 시를 쓴다고 했을 때 내게 그것은 마치 자기 내부에서 타오르는 허기의 신에 최후의 공물을 바치려는 행위처럼 위험하게 느껴졌다. 그러나 이제 첫 시집을 통해서 만나는 그녀는 어느새 시를 하나의 '도(道)'의 경지에서 다루는 단계에 이르러 있다.

2.

이 시집이 보여주는 가장 큰 미덕은 시간의 깊이를 포착하는 시선의 존재일 것이다. 신춘문예 당선작인 「너와집」은 이를 잘 보여주는 시다.

갈비뼈가 하나씩 부서져 내리네요
아침마다 바삭해진 창틀을 만져보아요
지난 계절보다 쇄골 뼈가 툭 불거졌네요
어느새 처마 끝에 빈틈이 생기기 시작했나 봐요
칠만 삼천 일을 기다리고 나서야
내 몸속에 살갑게 뿌리 내렸지요, 당신은
문풍지 사이로 흘러나오던
따뜻한 온기가 사라지고
푸른 송진 냄새
가시기 전에 떠났어요, 당신은
눅눅한 시간이 마루에 쌓여 있어요
웃자란 바람이, 안개가, 구름이
허물어진 담장과 내 몸을 골라 밟네요
하얀 달이 자라는 언덕에서
무작정 기다리지는 않을 거예요, 나는
화티에 불씨를 다시 묻어놓고
단단하게 잠근 쇠빗장부터 엽니다
나와 누워 자던 솔향기 가득한
한 시절, 당신
그립지 않은가요?

－「너와집」 전문

　「너와집」에 대해서, 신춘문예 심사위원을 맡은 신경림과 유종호 두 분은 "아주 따뜻한 시"라면서 "말이나 감각도 신선하고 맛깔스럽다"고 했다. 그러면서 "너와집은 실제의 너와집이기보다 '당신'과 '내'가 만든 사랑의 집일 터, 그 비유가 호소력이 있어 아름답기까지 하다"고 했다.

그런데 이 문장은 마치 신경림 시인의 「갈대」를 평한 것과 같은 착각을 불러일으킨다. "언제부터인가 갈대는 속으로 / 조용히 울고 있었다"로 시작되는 이 「갈대」는 실물로서의 갈대를 노래한 것인가? 아니면 갈대에 의탁한 시인의 마음을 노래한 것일까? 이 둘 다 아닐 것이다. 이것은 아마도 시인의 마음에 나타난 갈대의 형상을 노래한 데에 가까울 것이다. 시인이 갈대라고 발음하면서 그 형상을 머릿속에 떠올렸을 때, 그때 나타난 갈대는 바로 그렇게 속으로 조용히 울고 있었을 것이다.

「너와집」에 대해서도 바로 그러하다고 말해야 할 것이다. 이 "너와집"은 물론 시인이 직접 만났던 너와집에 관한 노래일 수도 있고, 너와집에 의탁해서 "당신"과의 사랑이 지속되던 시공간에 대한 그리움을 노래한 것일 수도 있다. 그러나 이것은 시인이 자신의 머릿속에 부르듯이 너와집을 떠올렸을 때 나타난 너와집의 형상을 노래한 것이라고 보는 것이 더 타당할 것이다. 그리고 이 형상으로서의 너와집에는 시간의 깊이가 축적되어 있어서, 그곳에선 언젠가 '나'와 '당신' 사이에 깊은 사랑이 숨쉬었었고, 그 사랑은 이백 년("칠만삼천 일")이나 되는 기다림 끝에 이루어졌었고, 또 그 사랑이 떠나간 후에도 '나'는 '당신'을 기다리며 사랑의 귀환을 꿈꾸고 있어야 한다.

이 시간의 깊이는 섬세한 시적 표현들에 의해 뒷받침된다. 사실 이 시의 제목은 "너와집"이 아니라 "너와집의 노래"라고 하는 게 더 타당할 것이다. 여기서 노래를 부르는 '나'는 바로 "너와집" 자신이고 '나'가 그리워하는 "당신"은 그 "너와집"에 살던 사람을 가리키고 있기 때문이다. 그런 '나'와 "당신"의 인연이 쌓이고 또 헤어지고 기다리는 과정을 시인은 여성의 아름다운 어조에 실어 노래한다. 그리하여 "너와집"은 속세의 인연을 이어 사랑을 이루고 또 헤어지고 그러고도 다시 만날 것을 기다리며 홀로 살아가는 성숙한 여성의 자태로 새로 태어난다.

이렇듯 시인은 자신이 불러들인 물상 속에서 시간의 깊이를 심찰하는 시선의 존재를 드러낸다. 이러한 시선은 "말라버린 발에서 폐허의 시간이 자라네 // 한때는 제 몸을 뚫고 뻗치던 뿌리"로 시작되는 「발톱 깎아주는 여자」에서도, "먹어도 먹어도 배가 고픈 그녀가 있어요"로 시작되는 「늙은 호수」에서도 나타난다. 시간의 흐름 속에서 침식되어가면서도 인생의 아름다움과 비밀을 간직한 물상들, 사람들에 대해 노래할 때 시인은 남다른 상상력과 관찰력을 발휘한다. 그리고 이것은 그녀의 시의 깊이로 전환된다.

3.

한편 이러한 시들에서 시인은 물상들, 사람들의 내부 깊이 존재하는 생명의 흐름에 관심을 기울인다. 그녀가 시적인 관심을 기울이는 것은 외부적인 색과 형의 세계가 아니라 그 이면의 흐름, 생명의 기운과 기미에 관한 것이다. 「너와집」 같은 시에서도 이러한 양상은 뚜렷하지만 여기서는 「명상과 피어싱」이라는 시를 살펴보도록 하자.

가부좌를 틀고 손바닥을 하늘로 펼친다
일곱 개의 차크라가 꿈틀거린다
회음, 꼬리뼈 마디마디 올라오는 호흡
상단전을 지나온 신열에 들뜬 알갱이들
투둑 콧등에 떨어진다, 나는
사라지는 내 몸뚱이를 바라본다

나는 어디든 날 수 있는 새
천개의 빛이 정수리를 파먹는다
뭄바이, 카리브해, 아프리카로 날아간다
열대우림을 지나 초원을 빙빙 돈다
대지에 울려 퍼지는 북소리를 좇아
젖은 겨드랑이를 펼치는 순간,

장신구만 남아있는
나의 몸

-「명상과 피어싱」 전문

  이 시의 화자는 지금 가부좌를 틀고 명상의 세계로 들어가 있다. 명상이란 무엇일까? 불교적인 선이라면 그것은 '나'를 구성하는 일체의 관념에서 떠나 구극의 텅 빈 세계에 귀착하고자 하고 또 그러면서도 이 텅 빈 것조차 없는 무념무상의 상태를 지향하는 수행적 행위를 의미한다. 이러한 맥락에서 보면 명상이란 불교적 선을 포함하여 그것과 사상사적으로 관련되어 있는 제반 수행법으로 정신적 해탈을 지향하는 일체의 수행적 행위를 가리키는 말일 것이다. 이것은 외부의 잡스러운 감각의 세계로부터 마음의 본체를 유리시켜 내부로, 근원적인 것으로, 우주적인 환원을 이루어 나가는 과정일 것이다.

　이 시의 화자인 '나'는 이 명상 과정에서 자신의 내부에 일어나는 생명의 흐름을 이야기한다. 명상의 체위 가부좌는 '나'의 마음 세계를 '나'의 육체로부터 유리시켜 우주적인 환원의 과정을 밟아가게 한다. 가부좌의 체위가 몸에 땀이 흐르도록 할 즈음 '나'의 마음은 "새"처럼, 아니 "천 개의 빛"처럼 정수리를 뚫고 육체를 떠나 허공을 넘나든다. 육체는 "장신구만 남아 있는 / 나의 몸"이라는 표현이 말해주듯 생명이라는 본체를 감싸고 있는 헛것일 뿐이다.

　그러나 시인이 노래하는 생명이 이런 완전한 정신적 상태만을 의미하지는 않는다. 그것은 종종 정신과 육체가 뒤얽힌 상태로 맺혀진 기운을 의미하며, 그런 의미에서 어떤 밀교적인 분위기를 띠고 나타나기도 한다. 또 그런 시에서 생명은 차라리 육체화 되고, 정신이 육체와 밀착해서 육체적인 것으로 나타날 때 오히려 그 끈질긴 본질에 가깝게 드러나게 된다. 여인의 누드 사진 찍기를 소재로 삼은 「셀프 누드 포트레이트」나 장애를 가진 이모의 사연을 노래한 「정애이모」같은 시에서 그 생명은 외부적 장식성을 배격하되 순수한 정신성으로 나타나기보다는 육체 쪽으로 정신이 밀착되어 버린 상태 또는 육체와 정신이 뒤얽힌 상태로 나타난다. 여기서 생명은 정염과 유사한 형태에 가까워진다.

　　2
　　웨딩드레스를 입고
　　해가 녹도록 걷는 나는 혼례식의 주인공

내 눈동자에 눌러 붙은 조카가
사라지고 하객들이 흩어진다

기저귀는 베란다에서 펄럭이고,
마른 살점에 꽃무늬를 그린 정애이모는
아름다운 부케를 탐내고,

3
시계가 멈춰있다
공중제비하고 평균대에 내려앉은 나는
밤마다 미끈하게 뻗은 다리로 마루운동을 한다

만 번의 태양이 비스듬히 떴다 떨어졌는데도
내가 붙들고 놓아주지 않는 치골 옆 그곳에는
한 번도 구겨지지 않은 애액이 여전히 흘러나오고,

-「정애이모」 2, 3연

    이런 시에서 육체적 욕망은 오히려 긍정되고 그것은 생명의 자연스러운 발로가 된다. 때로 위에서 볼 수 있듯이 은밀한 투쟁과 갈등의 씨앗이 되기도 하지만 이러한 대립 관계에 놓인 두 존재는 모두 긍정된다. 정애이모의 비극은 생명의 원리 속에서 슬픈 것 그대로의 상태로 긍정되고 그와 대비되는 '나'의 삶의 운명 역시 생명의 원리에 따른 것이기에 부끄러울 것이 없다. '나'나 '정애 이모'나 모두 타고난 생명적 본질의 운명에 충실할 뿐이다.

    이렇게 순수한 정신적 존재로 나타나든 육체와 정신이 뒤얽힌 존재로 나타나든 '나'와 생명적 본질 사이의 괴리나 합일의 문제를 중시하고 이것을 시적 탐구의 중심에 놓으려는 경향은 이 시집의 일관된 특징 가운데 하나다. 이러한 시들에서 여성의 삶은 종종 생명적 본질의 긍정에 이르는 시련의 과정으로 나타나기도 한다. '언니'의 시련을 소재로 삼은 「나는 지금도 무만 보면 입 안 가득 침이 고인다」 같은 경우가 여기에 속한다. 또 「그녀는 조등을 켜고」 같은 시는 '나'와 '나'의 본체에 해당하는 생명이 서로로부터 괴리되고 또 대립하는 양상을 인상 깊게 표현하고 있다. 물론 이 시에 나타나는 '그녀'가 '나'의 외부에 있는 타인을 가리킬 가능성도 없지 않지만, 그렇다 해도 이 시는 '나'의 내부적 갈등을 그린 것으로 읽는 것이 더 적절할 것 같다. 여기서 '나'의 내부를 살아가는 '그녀'는 '나'의 생명의 본체로서의 정염에 가깝다. '나'는 '그녀'를 떼어내 버리기 위해 벌판을 질주한다. 그리고는 마침내 '나'와 '그녀'가 분리되는 국면이 찾아든다. 이 시의 마지막 네 행은 바로 그러한 유체이탈적인 국면을 드러내고 있다.

> 내가 할 수 있는 일은 달리는 일이다.
> 그녀를 위해
> 내 생애 가장 빠르게
> 광활한 벌판을 질주한다
> 거친 꽃들은 이슬에 젖어 누웠다가
> 쏜살같이 달려가는 발굽에
> 짓이겨졌다가 튀어 오른다
> 전속력으로 달려가는 나는
> 그녀와의 낮과 밤의 살갗에
> 화인火印을 찍으며,
> 뜨겁게 달구었던 짧은 봄을

되새김질을 해도 부족한 듯
음탕한 갈증이 늑막까지 차오른다
납 빛깔의 조용한 그녀에게
툭 불거진 살이
끓는 뙤약볕에 점점이 부풀어 오른다
내 몸에 물기란 물기가 다 빠져 나갔는데도
흐르는 무엇이 남아 있는가보다
내 속에 갇혀 있던 그녀
나를 벗어날 수 있는 기회인데
아직도 내 등 뒤에 붙어 있다
채찍을 휘두른다, 더 빨리
순간, 몸이 가벼워진다
초원 위에 나의 그림자만 길게 누워 있다
벌판 끄트머리에 하얀 해골이
석양빛에 반짝인다

-「그녀는 조등을 켜고」中

4.

한편, 이렇게 생명의 흐름을 탐구하면서 외부적 감각보다 내부적인 생명의 추이에 관심을 기울이는 까닭에 박미산 시인의 시들은 단순한 시에서도 어딘지 모르게 상징적인 기운이 흘러나온다. 삶에서 벌어지는 일들, 사소해 보이는 상념들 속에서도 그녀는 무한한 상징을 향해 뻗어가는 상상력을 드러낸다. 예를 들어, 「포도주를 마시는 밤」은,

> 씨방 가득
> 무한이 차오는 밤
> 당신이 일러주신 길 따라
> 엉킨 뿌리를 건너, 넝쿨을 타고 가면
> 장자의 붕새마냥
> 꽃구름 매달린 성에 갈 수 있나요
> 그런가요?
>
> -「포도주를 마시는 밤」 전문

라는 비교적 짧은 내용을 담고 있는데, 여기서도 포도주를 마시는 일은 그것대로 "무한"을 경험하는 일로 나타난다. 이 시에서 화자는 "당신"에게 말을 건네고 또 묻는 형식을 취하고 있는데 이렇게 "당신"을 상대로 말하고 묻고 노래하는 것은 이 시집에서 아주 빈번하게 나타난다. 이 "당신"은 마치 만해 한용운의 시들에 나오는 "님"처럼 무한자를 가리킬 수도 있고, 사랑하는 대상을 가리킬 수도 있다.

무한자든 사랑하는 사람이든, 이 "당신"은 현실의 구속에서 벗어나 '나'로 하여금 절대적인 자유의 경지를 향해 나아갈 수 있도록 해주는 매개 역할을 한다는 점에서 서로 상통한다. "당신"이라고 호명하는 순간, 이 부름의 형식을 통해, 그것을 매개로, '나'는 현실 또는 일상의 국면, 형체를 가진 사물들의 공간에서 그러한 한계에서 자유로운 무한을 향해 도약해 나간다. 예를 들어,「나는 잠시 내리(內里)에 있었고, 당신은 구름안의 바다에 있었을 뿐」같은 시에서 '나'는 사랑의 좌절과 괴리를 경험하지만 이런 고통은 현실의 구속에 갇힌 '나'에게 무한에 대한 실감을 그리움의 형태로 드리워 준다.

> 난 해변에 쓰러져 있었고 눈을 떴지 거기서 난 바위와 십자가를 보았어 당신이 탄 돛배는 밝은 불빛 속에서 너울거리고 당신의 두 팔은 지쳐서 흩어지는 것 같았어 뱃전에서 당신이 내게 손짓하고 있는 것을 보았지 그러나 파도는 말하고 있었어, 당신은 영원히 돌아오지 않을 것이라고
>
> -「나는 잠시 내리에 있었고,
당신은 구름안의 바다에 있었을 뿐」, 2연

이처럼 현실 또는 일상과, 무한 사이의 간극을 드러내고, 형체의 구속에서 벗어나 무정형의 절대적 자유를 추구하려는 경향으로 말미암아 그녀의 시는 많은 경우 시적 앰비귀티 속에서 어떤 여운을 가진 상태로 남는다. 현재의 노래는 미래를 향해, 무한을 향해 움직이려는 포즈를 수반한다. 과거의 사연들 역시 자주 몽타주 기법을 활용한 회상의 형태로 나타나곤 하지만 그 속에 나타나는 인물들 역시 자신에게 주어진 운명의 한계를 넘어 생명의 가치가 허용되는 자유를 향한 그리움을 드러낸다. 그들은 정지되어 있지만 움직이려는 약동의 형태로 존재하며, 시인의 회상은 이러한 인물들 속에서 생명의 흐름을 발견한다. 아버지와 어머니의 사연을 노래한 「달 속의 아버지」라든가, 「나는 지금도 무만 보면 입 안 가득 신 침이 고인다」라든가 「정애 이모」 같은 시들이 바로 그런 계열에 속한다.

그런데 이러한 시들에 주목하다 보면 이 시집의 또 다른 특징

에 대해서 관심을 가지지 않을 수 없게 된다. 이 시집은 어느 의미에서 보면 몽타주 형식을 빌린 시인의 '자서전'에 가깝다.「진가의 돌멩이」나「왕가네 당근은 쑥 쑥 자랐어요」같은 시들은 인천에서 성장한 시인의 기억 속에 남아 있는 중국인들의 모습을 그려낸 것들이다. 이 시들은 시인의 기억 속에 남아 있는 중국인들을 매개로 유년 시절의 사연들을 드러낸 것이다. 이러한 맥락에서 보면, 또 다른 유년 시절의 회상에 속하는「문둥이 마을에도 무지개는 뜨고」를 비롯해서 앞에서 언급한, 시인의 가족들에 얽힌 사연들을 노래한 시들,「루낭(淚囊)의 지도 1」과「루낭의 지도 2」를 위시한, 여행의 경험을 노래한 많은 시들, 사랑의 기억을 드러내는 시들, 이 모든 것들이 '자서전'을 향한, '자서전'의 구성을 향한 충동을 드러내고 있음을 깨닫게 된다.

이러한 몽타주적 '자서전'을 통해서 시인은 자신의 과거와 현재를 해체하면서 자신의 자아를 새롭게 구성해 나간다. 본래 자서전이라는 것은 원리적인 측면에서 보면, 있었던 자기, 있는 자기에 관해 쓰는 것이 아니라 그러한 형식을 통해 있어야 할 자기, 있고 싶은 자기를 불러내는 행위에 다름 아니다. 이 시집에 나타난 '자서전'의 화자들은 과거의 고통과 슬픈 사연들을 회상해 나가면서도 이러한 행위를 통해 과거에 의해 침식되지 않는 생명의 힘을 보여주고 그럼으로써 부단히 미래적인 자아를 향해 나아가는 양상을 보인다. "멈출 수 없어 플러그를 뽑지 않을래 날개에 인내를 달고 둥글게 착지할 때까지 회전낙법 하겠어"라는「굼실굼실」의 시구는 향상에 관한 시인의 관심을 드러낸다. 마치 나무가 땅속에서 태어나 하늘을 향해 뻗어나가는 향상성(向上性)을 갖듯이, 또 그것이 나무의 자유의지를 표상하듯이 박미산 시인은 어둡고 습한 기억들의 구속을 뛰어넘어 새로운 자아를 구축하려는 의지를 드러낸다.

5.

 이것은 공감할 만한 의지다. 그런데 어느 의미에서 시란 소설과 마찬가지로 처음부터 끝까지 '자서전' 아닌 것이 없지만, 그럼에도 시를 시로 존속되도록 하는 것은 그것이 결코 '자서전'이 될 수 없는 양식인 데 있다. 시는 '자서전'을 향한 충동을 뛰어넘어 본질적인 것, 독자적인 것, 언어 그 자체로 성립하는 사물 같은 상태를 지향하는 것이다. 박미산 시인은 사물들, 존재들에서 시간의 깊이를 발견하고 외형에 치우치지 않는 생명의 흐름을 발견하려 하면서도, 한편으로는 '자서전'을 구성하려는 충동을 지지하기도 하는 것처럼 보인다. 그리고 이것은 첫 시집을 펴내는 시인들에게서 종종 나타나는 양상이기도 하다. 그녀는 비록 다소 늦게 시작했는지 모르지만 아직 젊다.
 앞에서 나는 이 시인이 공복증을 앓고 있는 것처럼 보이고, 그 허기의 신에게 바칠 최후의 공물을 선택하듯 시를 선택한 것처럼 보인다고 했다. 시인은 지금 이 새로운 모험을 완성하려는 의지로 충전되어 있는 것 같다. 그러나 모든 시인의 길이 그렇듯, 또 위대한 시인의 이력이 모두 그렇듯 이 의지 앞에 놓인 것은 언어라는 두려운 거인의 장벽이다. 이것은 아마도 시인이 지금까지 겪어온 모든 난관보다 더 크고 무서운 힘을 가지고 있을 것이다. 끝날 수 없고 이길 수도 없는 상대를 향해 벌이는 이 싸움에서 우리는 다만 어떻게 싸웠느냐 하는 방법의 미덕만을 주장할 수 있을 뿐이다.

그러니 이 마력의 늪에 스스로 걸어 들어온 자는 살아서 돌아갈 것을 꿈꾸지 말아야 할 것이다. 과연 시인은 이 싸움의 이 윤리적 요구에 어떻게 부응해 나갈 것인가. 그녀를 아는 이들, 그녀의 시를 통해 비로소 그녀를 알게 된 독자들 모두 깊은 관심을 갖고 지켜 볼 일이다.

CHAEMUNSA PURPLE BOOKS
채문사 시인선 005

루낭의 지도

2022년 1월 22일 제 1쇄 발행

지은이	박미산
발행인	인세호
편집인	인세호

발행처	(주)채문사
주소	서울시 마포구 독막로6길 9, 2층 2426호
전화	070—7913—2333
등록	2018년 4월 12일 (등록번호 제 2018—000101호)
인쇄	(주)한솔피엔비
ISBN	979-11-965819-6-1

* 이 책은 한국문화예술위원회 2007년도 문예진흥기금을 받았습니다.
* 이 시집은 사회적 기업 (주)디올연구소의 노안, 저시력자용 특수 폰트를 사용하고 있습니다.

* 잘못 만들어진 책은 구입처에서 바꿀 수 있습니다.
* 이 책에 실린 내용의 전부 또는 일부를 재사용하려면 (주)채문사의 동의를 받아야 합니다.
* 가격은 표지에 표시되어 있습니다.

Printed in Korea
Copyright © 2022 by Chaemunsa Co., Ltd. All rights reserved.
http://www.chaemunsa.com